¿Qué está despierto?

El zorrillo

Patricia Whitehouse

Traducción de Patricia Cano

Heinemann Library
Chicago, Illinois

Customer Service 888-454-2279
Visit our website at www.heinemannlibrary.com

Designed by Sue Emerson, Heinemann Library
Printed and bound in the United States by Lake Book Manufacturing, Inc.

07 06 05 04 03
10 9 8 7 6 5 4 3 2 1

Library of Congress Cataloging-in-Publication Data
Whitehouse, Patricia, 1958-
  [Skunks. Spanish]
  El zorrillo / Patricia Whitehouse.
      p. cm. — (¿Qué está despierto?)
Summary: A basic introduction to skunks, including their habitat, diet, and physical features
  ISBN 1-40340-398-8 (HC), 1-40340-639-1 (Pbk)
  1. Skunks—Juvenile literature. [1. Skunks. 2.Spanish language materials] I. Title.
  QL737.C25 W5318 2002
  599.76'8—dc21

                    2001059626

Acknowledgments
The author and publishers are grateful to the following for permission to reproduce copyright material:
p. 4 Steve Strickland/Visuals Unlimited; p. 5 Tom & Pat Leeson/Photo Researchers, Inc.; p. 6 Jeff Lepore/Photo Researchers, Inc.; p. 7 Wendy Shattil/Oxford Scientific Films; p. 8 Wm. Grenfell/Visuals Unlimited; pp. 9L, 19, 20 Joe McDonald/Visuals Unlimited; p. 9R Gary W. Carter/Visuals Unlimited; p. 10 Visuals Unlimited; p. 11 Bill Ivy/Fraser Photos; p. 12 T C Nature/Oxford Scientific Films; p. 13 Dwight Kuhn; p. 14 Zig Leszczynski/Animals Animals; p. 15 Joe McDonald/DRK Photos; p. 16 C. K. Lorenz/Photo Researchers, Inc.; p. 17 Howie Garber; p. 18 Tom J. Ulrich/Visuals Unlimited; p. 21 Walt Anderson/Visuals Unlimited; p. 22 Anthony Merciega/Photo Researchers, Inc.

Cover photograph by Joe McDonald/Visuals Unlimited

Every effort has been made to contact copyright holders of any material reproduced in this book.
Any omissions will be rectified in subsequent printings if notice is given to the publisher.

Special thanks to our bilingual advisory panel for their help in the preparation of this book:
Aurora García
Literacy Specialist
Northside Independent School District
San Antonio, TX

Leah Radinsky
Bilingual Teacher
Interamerican School
Chicago, IL

Argentina Palacios
Docent
Bronx Zoo
New York, NY

Ursula Sexton
Researcher, WestEd
San Ramon, CA

The publisher would also like to thank Dr. Dennis Radabaugh, Professor of Zoology at Ohio Wesleyan University in Delaware, Ohio, for his help in reviewing the contents of this book.

Unas palabras están en negrita, **así.**
Las encontrarás en el glosario en fotos de la página 23.

Contenido

¿Qué está despierto?

Mientras tú duermes, hay unos animales despiertos.

Los animales que están despiertos de noche son animales **nocturnos**.

El zorrillo está despierto de noche.

¿Qué es el zorrillo?

El zorrillo es un **mamífero.**

Los mamíferos tienen **pelaje.**

Los mamíferos viven con sus crías.

Producen leche para las crías.

¿Cómo es el zorrillo?

El zorrillo es negro y tiene rayas blancas en el lomo.

Tiene la cola tupida.

zorrillo

gato

El zorrillo es del tamaño del gato.

Los ojos y las orejas son pequeños.

9

¿Dónde vive el zorrillo?

En el campo, vive en bosques y en **praderas**.

El zorrillo duerme en la **madriguera** de otros animales.

En la ciudad, vive debajo de porches o de edificios.

¿Qué hace el zorrillo de noche?

El zorrillo pasa la noche buscando alimento.

Puede comer toda la noche.

A veces se despierta por la tarde
y sale de la **madriguera.**

¿Qué come
el zorrillo?

En el campo, come animalitos
e insectos.

También come frutas y hojas.

En la ciudad, el zorrillo come
lo mismo.

También come basura y la comida
que se deja afuera para las mascotas.

¿Qué sonido hace el zorrillo?

El zorrillo es muy callado.

A veces hace un sonido como un silbido.

También hace un chirrido.

Hace ese sonido si está bravo
o si tiene miedo.

¿Qué tiene de especial el zorrillo?

El zorrillo por lo general no pelea.

Les rocía un líquido a los enemigos.

El líquido huele mal.

El zorrillo sólo rocía ese líquido
cuando hay peligro.

¿Dónde pasa el día el zorrillo?

Por la mañana, el zorrillo regresa a su **madriguera**.

Se duerme.

Duerme hasta que oscurece.

Mapa del zorrillo

pelaje raya cola

Glosario en fotos

madriguera
páginas 10, 13, 20

mamífero
páginas 6, 7

pelaje
página 6

nocturno
página 4

praderas
página 10

Nota a padres y maestros

Leer para buscar información es un aspecto importante del desarrollo de la lectoescritura. El aprendizaje empieza con una pregunta. Si usted alienta a los niños a hacerse preguntas sobre el mundo que los rodea, los ayudará a verse como investigadores. En este libro, se identifica el animal como un mamífero. Por definición, los mamíferos tienen pelo o pelaje y producen leche para alimentar a sus crías. El símbolo de mamífero en el glosario en fotos es una perra amamantando sus cachorros. Comente que, fuera del perro, hay muchos otros mamíferos, entre ellos el ser humano.

PRECAUCIÓN: Recuérdeles a los niños que no deben tocar animales silvestres. Los niños deben lavarse las manos con agua y jabón después de tocar cualquier animal.

Índice